Impressum
Verlag: BABADADA GmbH, Nedderfeld 112 , 22529 Hamburg
Geschäftsführer / Verlagsleitung: Harald Hof
Druck: Books on Demand GmbH, In de Tarpen 42, 22848 Norderstedt

Imprint
Publisher: BABADADA GmbH, Nedderfeld 112 , 22529 Hamburg, Germany
Managing Director / Publishing direction: Harald Hof
Print: Books on Demand GmbH, In de Tarpen 42, 22848 Norderstedt

school
escuela

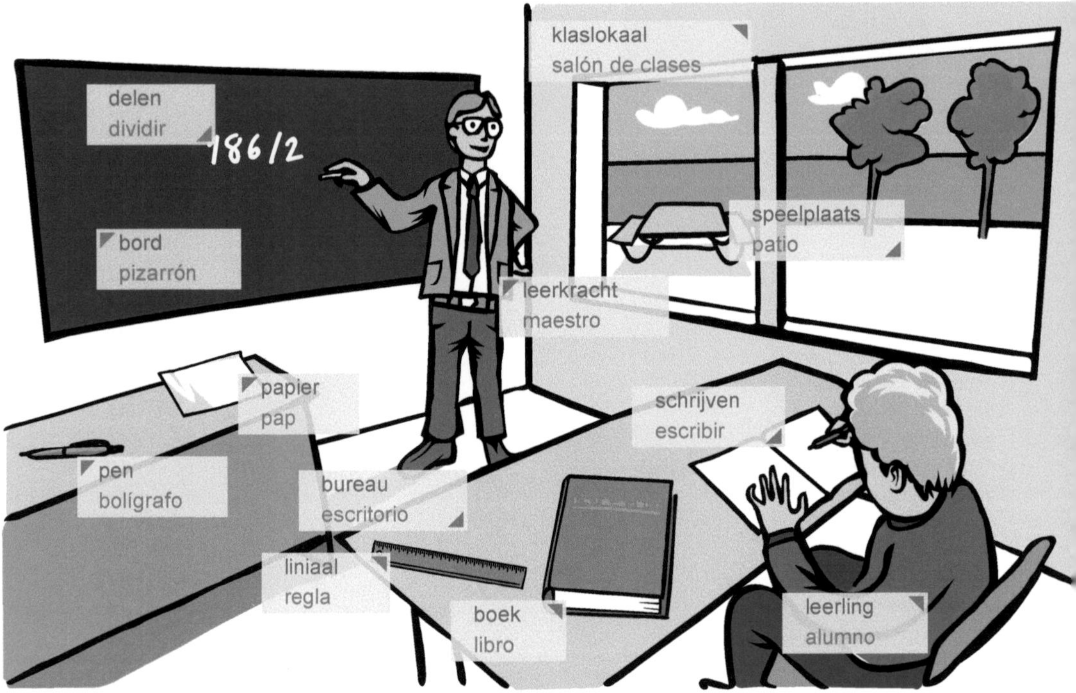
klaslokaal
salón de clases
delen
dividir
186/2
bord
pizarrón
speelplaats
patio
leerkracht
maestro
papier
pap
schrijven
escribir
pen
bolígrafo
bureau
escritorio
liniaal
regla
boek
libro
leerling
alumno

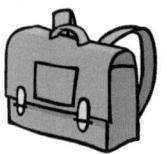

schooltas

mochila

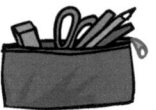

pennenzak

caja de lápices

potlood

lápiz

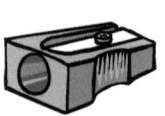

puntenslijper

sacapuntas

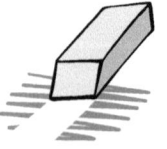

gom

goma de borrar

tekenblok

bloc de dibujo

tekening

dibujo

verfborstel

pincel

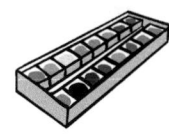

verfdoos

caja de lápices de color

schaar

tijeras

lijm

pegamento

werkboek

libro de ejercicios

huiswerk

tarea

nummer

número

optellen

sumar

aftrekken

restar

vermenigvuldigen

multiplicar

rekenen

calcular

letter

letra

alfabet

alfabeto

woord

palabra

tekst

texto

Lezen

leer

krijt

tiza

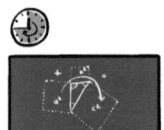

les

lección

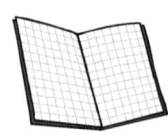

klassenboek

cuaderno de clase

examen

examen

certificaat

certificado

schooluniform

uniforme

onderwijs

educación

encyclopedie

enciclopedia

universiteit

universidad

microscoop

microscopio

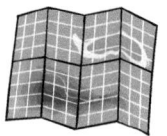

kaart

mapa

papiermand

bote de basura

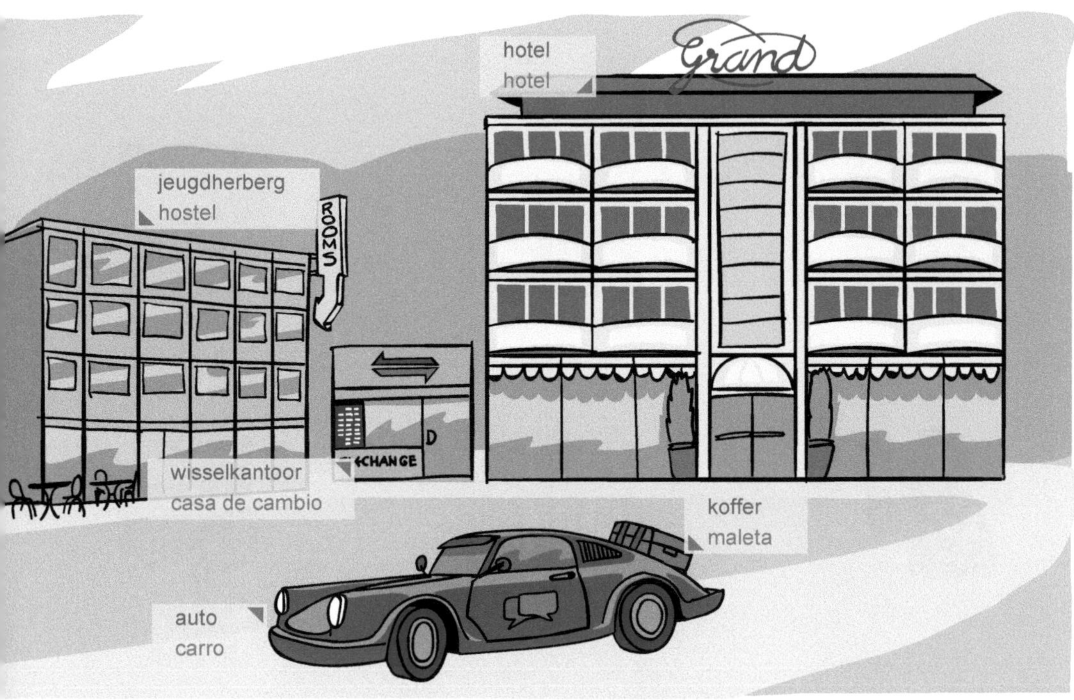
hotel
hotel
Grand
jeugdherberg
hostel
ROOMS
EXCHANGE
wisselkantoor
casa de cambio
koffer
maleta
auto
carro

Taal
idioma

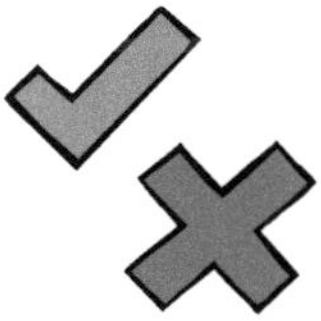

ja / nee
sí / no

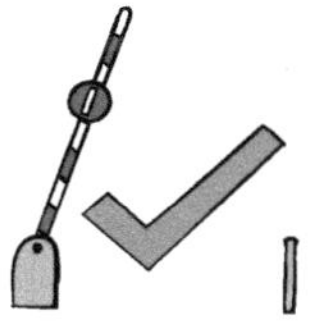

oké
Órale

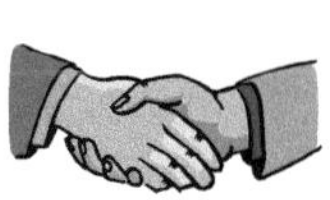

hallo
hola

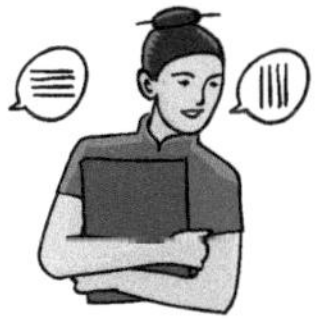

vertaler
traductor

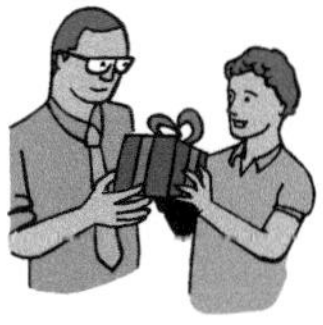

bedankt
Gracias

Hoeveel kost ...?

¿cuánto cuesta...?

Ik begrijp het niet

No entiendo

probleem

problema

Goedenavond!

¡Buenas tardes!

Goedemorgen!

¡Buenos días!

Goedenavond!

¡Buenas noches!

Tot ziens

adiós

richting

dirección

bagage

equipaje

zak

bolsa

rugzak

mochila

gast

invitado

kamer

recámara

slaapzak

bolsa de dormir

tent

tienda de campaña

toeristeninformatie

información turística

strand

playa

kredietkaart

tarjeta de crédito

ontbijt

desayuno

lunch

almuerzo

avondeten

cena

ticket

billete

lift

ascensor

postzegel

sello

grens

frontera

douane

aduana

ambassade

embajada

visum

visa

paspoort

pasaporte

transport
transporte

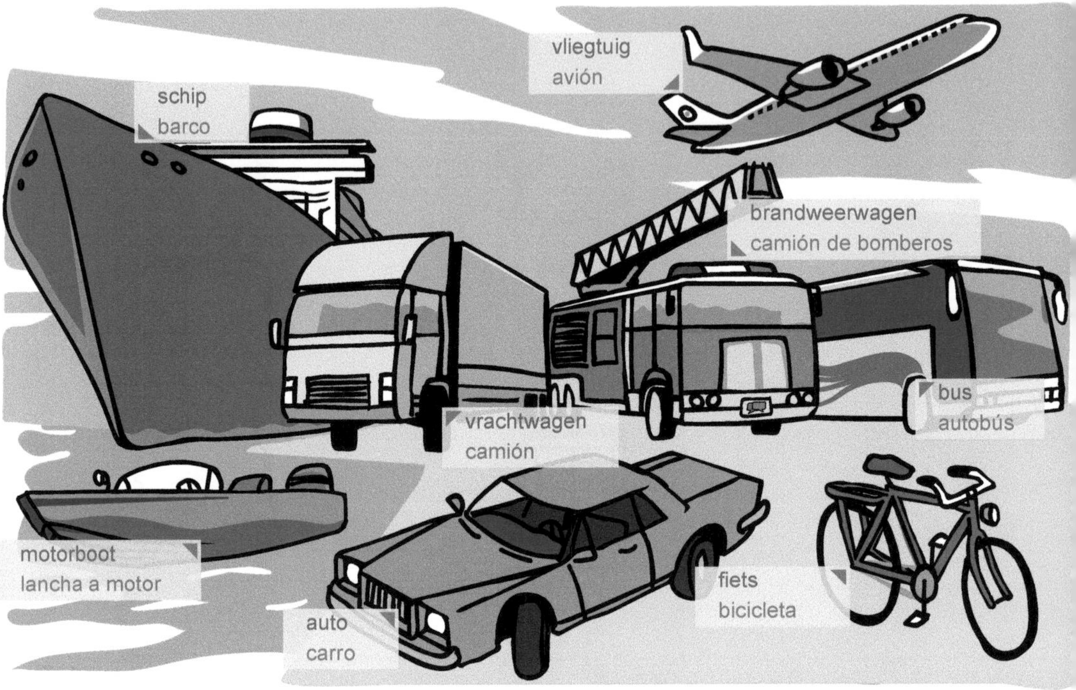
vliegtuig
avión
schip
barco
brandweerwagen
camión de bomberos
bus
autobús
vrachtwagen
camión
motorboot
lancha a motor
fiets
bicicleta
auto
carro

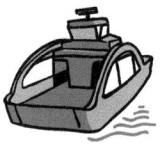

veerboot

ferry

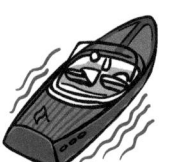

boot

bote

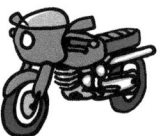

motor

motocicleta

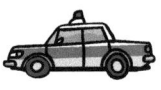

politiewagen

patrulla

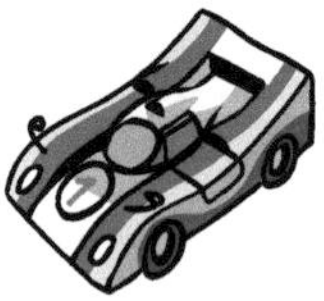

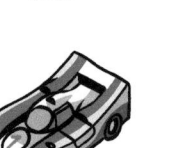

racewagen

coche de carreras

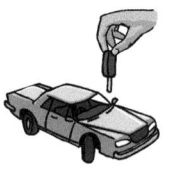

huurauto

auto para rentar

carpoolen

renta de autos

sleepwagen

grúa

vuilniswagen

camión recolector de basura

motor

motor

benzine

gasolina

benzinestation

gasolinera

verkeersbord

señal de tráfico

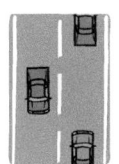

verkeer

tránsito

file

embotellamiento

parkeerplaats

aparcamiento

station

estación de tren

sporen

vías

trein

tren

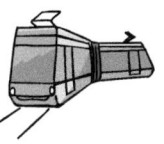

tram

tranvía

wagon

vagón

helikopter

helicóptero

luchthaven

aeropuerto

toren

torre

passagier

pasajero

container

contenedor

karton

caja de cartón

kar

carretilla

mand

cesta

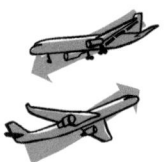

opstijgen / landen

despegar / aterrizar

stad

ciudad

dorp

pueblo

stadscentrum

centro de ciudad

huis

casa

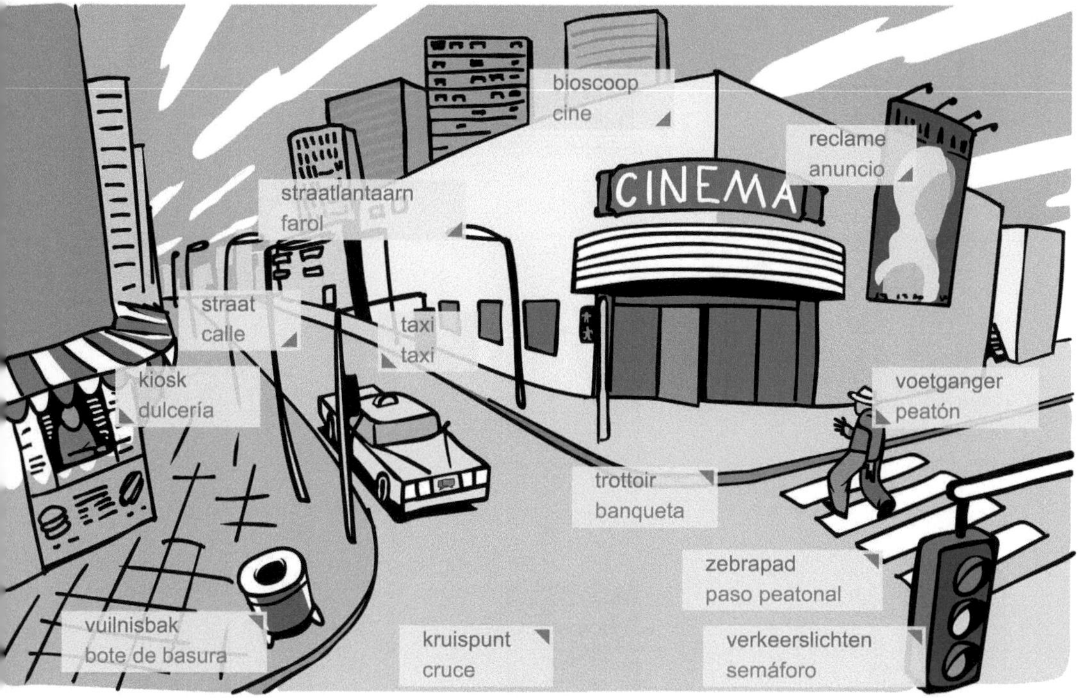

bioscoop
cine

reclame
anuncio

straatlantaarn
farol

CINEMA

straat
calle

taxi
taxi

kiosk
dulcería

voetganger
peatón

trottoir
banqueta

zebrapad
paso peatonal

vuilnisbak
bote de basura

kruispunt
cruce

verkeerslichten
semáforo

hut

cabaña

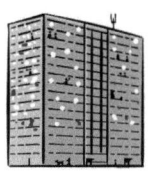

woning

apartamento

station

estación de tren

stadshuis

ayuntamiento

museum

museo

school

escuela

universiteit

universidad

bank

banco

ziekenhuis

hospital

hotel

hotel

apotheek

farmacia

kantoor

oficina

boekwinkel

librería

winkel

tienda

bloemenwinkel

florería

supermarkt

supermercado

markt

mercado

warenhuis

grandes tiendas

vishandelaar

pescadería

winkelcentrum

centro comercial

haven

puerto

park

parque

bank

banco

brug

puente

trap

escaleras

metro

metro

tunnel

túnel

bushalte

parada de autobús

bar

bar

restaurant

restaurante

brievenbus

buzón

straatnaambord

letrero

parkeermeter

parquímetro

zoo

zoológico

zwembad

alberca

moskee

mezquita

boerderij

granja

milieuverontreiniging

contaminación

kerkhof

cementerio

kerk

iglesia

speelplaats

área de niños

tempel

templo

landschap
paisaje

blad
hoja

wegwijzer
señal

weg
camino

weide
pradera

steen
piedra

boom
árbol

wandelaar
caminante

rivier
río

gras
pasto

bloem
flor

vallei
valle

heuvel
montaña

meer
lago

bos
bosque

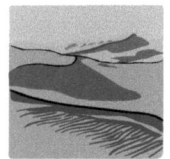

woestijn
desierto

vulkaan
volcán

kasteel
castillo

regenboog
arco iris

paddenstoel
champiñón

palmboom
palmera

mug
mosquito

vlieg
mosca

mier
hormiga

bijl
abeja

spin
araña

kever

escarabajo

kikker

rana

eekhoorn

ardilla

egel

erizo

haas

liebre

uil

lechuza

vogel

pájaro

zwaan

cisne

wild zwijn

jabalí

hert

ciervo

eland

alce

dam

embalse

windturbine

turbina eólica

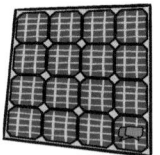

zonnepaneel

pansolar

klimaat

clima

restaurant
restaurante

ober
camarero
menu
menú
stoel
silla
soep
sopa
pizza
pizza
bestek
cubiertos
tafelkleed
mantel

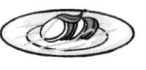

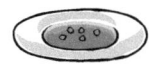

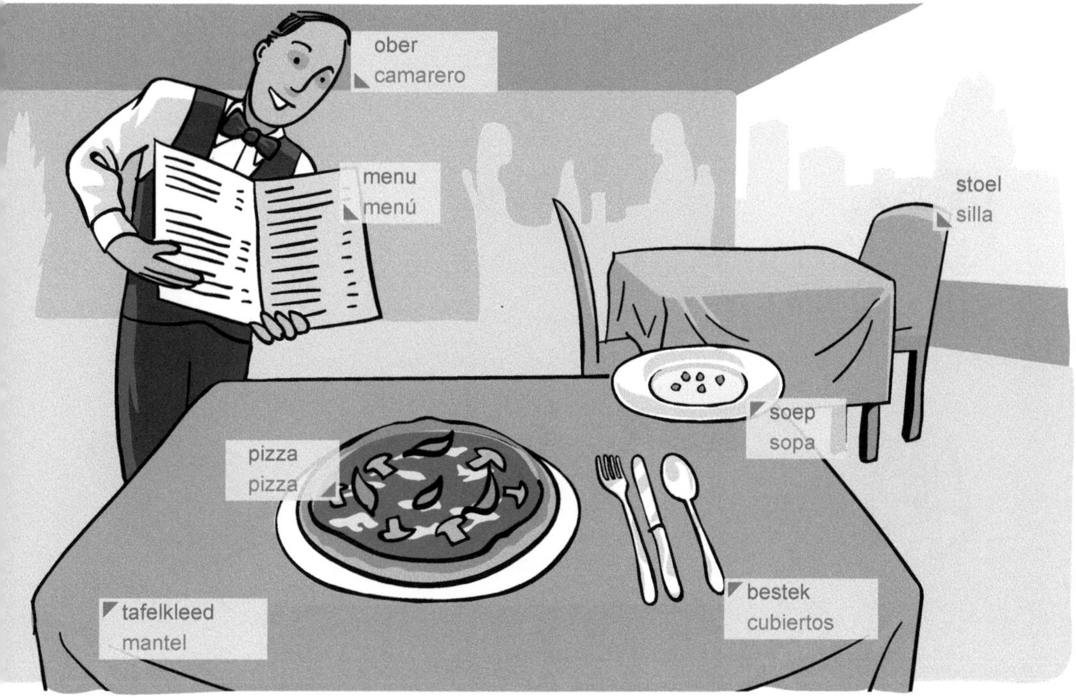

voorgerecht

entrada

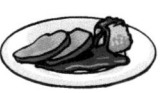

hoofdgerecht

plato fuerte

nagerecht

postre

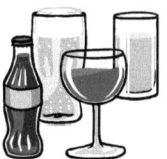

drankjes

bebidas

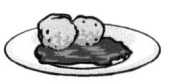

eten

comida

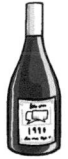

fles

botella

fastfood

comida rápida

street food

comida de calle

theepot

tetera

suikerpot

azucarera

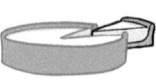

portie

porción

espressomachine

cafetera espresso

kinderstoel

periquera

rekening

cuenta

dienblad

charola

mes

cuchillo

vork

tenedor

lepel

cuchara

theelepel

cuchara de té

serviette

servilleta

glas

vaso

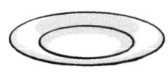

bord

plato

soepbord

plato hondo

schoteltje

plato

saus

salsa

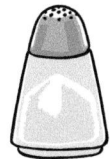

zoutvatje

salero

pepermolen

molino para pimienta

azijn

vinagre

olie

aceite

kruiden

especias

ketchup

kétchup

mosterd

mostaza

mayonaise

mayonesa

supermarkt
supermercado

aanbieding
oferta especial
FOR
klant
cliente
zuivelproducten
productos lácteos
fruit
fruta
winkelwagen
carrito para compras

BUTCHERS

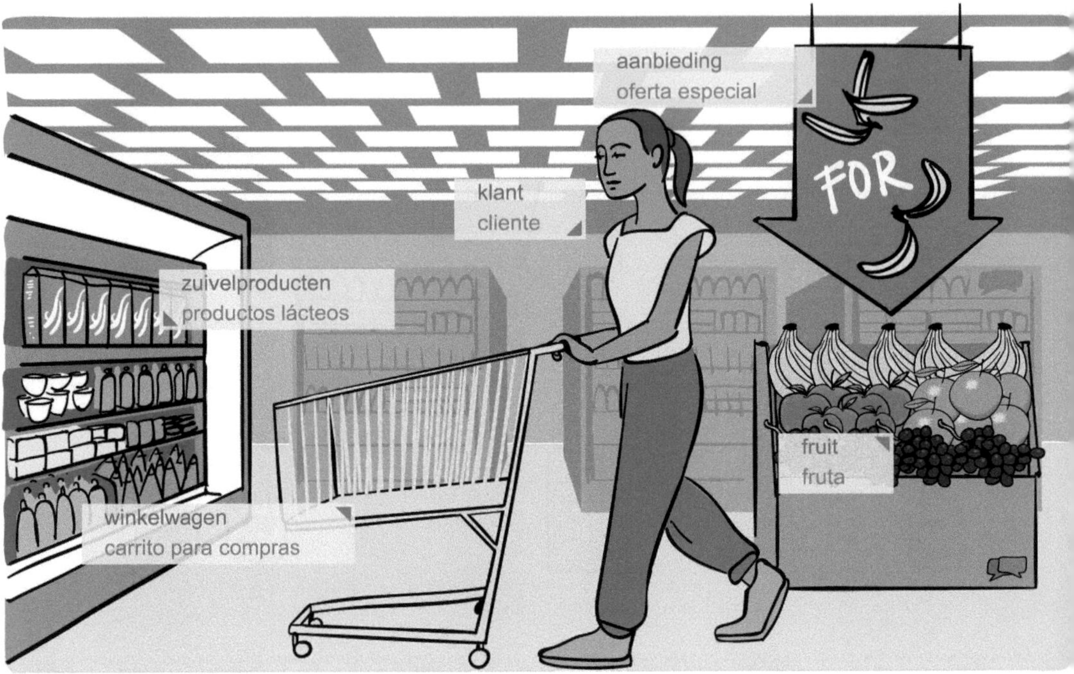

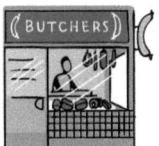

slagerij

carnicería

BAKERY

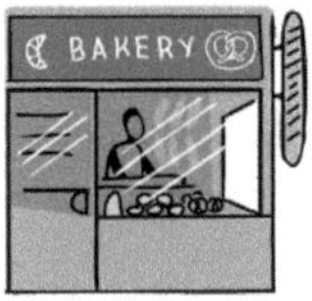

bakkerij

panadería

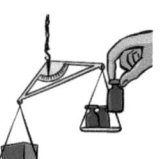

wegen

pesar

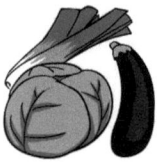

groenten

vegetales

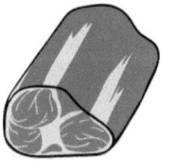

vlees

carne

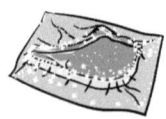

diepvriesvoedsel

alimentos congelados

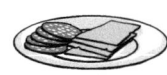

charcuterie

carnes frías

conserven

alimentos enlatados

waspoeder

detergente en polvo

snoep

dulces

huishoudproducten

electrodomésticos

schoonmaakproducten

productos de limpieza

verkoopster

vendedora

kassa

caja

kassier

cajero

boodschappenlijstje

lista de compras

openingstijden

horario de atención al
público

portefeuille

cartera

kredietkaart

tarjeta de crédito

tas

bolsa

plastieken zakje

bolsa de plástico

water

agua

sap

jugo

melk

leche

cola

refresco de cola

wijn

vino

bier

cerveza

alcohol

alcohol

cacao

cacao

thee

té

koffie

café

espresso

espresso

cappuccino

cappuccino

banaan

plátano

appel

manzana

sinaasappel

naranja

meloen

melón

citroen

limón

wortel

zanahoria

knoflook

ajo

bamboe

bambú

ajuin

cebolla

champignon

champiñón

noten

nueces

noodles

fideos

spaghetti

espaguetis

rijst

arroz

salade

ensalada

frieten

patatas fritas

gebakken aardappelen

patatas fritas

pizza

pizza

hamburger

hamburguesa

sandwich

emparedado

kalfslapje

filete

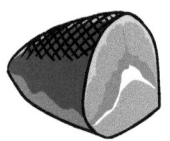

ham

jamón

salami

salami

worst

salchicha

kip

pollo

braden

asado

vis

pescado

havervlokken

copos de avena

muesli

muesli

cornflakes

copos de maíz

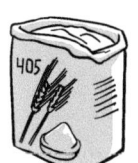

bloem

harina

croissant

cuernito

pistolet

bolillo

brood

pan

toast

tostada

koekjes

galletas

boter

mantequilla

kwark

cuajada

taart

pastel

ei

huevo

spiegelei

huevo frito

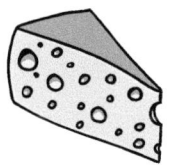

kaas

queso

ijs

helado

suiker

azúcar

honing

miel

confituur

mermelada

choco

crema de chocolate

curry

curry

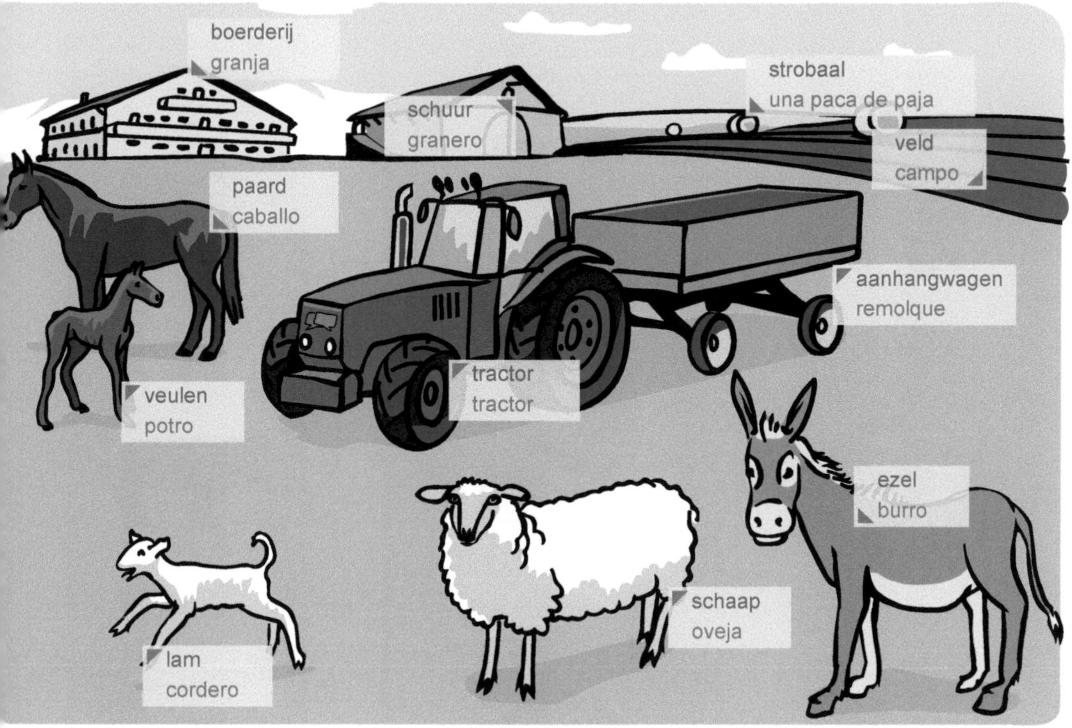

boerderij
granja

schuur
granero

strobaal
una paca de paja

veld
campo

paard
caballo

aanhangwagen
remolque

tractor
tractor

veulen
potro

ezel
burro

schaap
oveja

lam
cordero

geit

cabra

koe

vaca

kalf

ternero

varken

cerdo

biggetje

lechón

stier

toro

gans
ganso

eend
pato

kuiken
pollo

kip
gallina

haan
gallo

rat
rata

kat
gato

muis
ratón

os
buey

hond
perro

hondenhok
casa dperro

tuinslang
manguera

gieter
regadera

zeis
guadaña

ploeg
arado

sikkel
hoz

schoffel
azadón

hooivork
horquilla

bijl
hacha

kruiwagen
carretilla

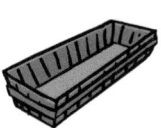

trog
bebedero

melkkan
bote de leche

zak
saco

hek
valla

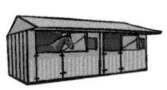

stal
establo

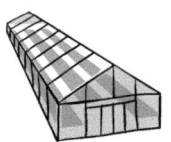

broeikas
invernadero

bodem
suelo

zaad
semilla

mest
fertilizador

maaidorser
cosechadora

oogsten

cosechar

oogst

cosecha

yam

camote

tarwe

trigo

soja

soja

aardappel

patata

maïs

maíz

koolzaad

semilde colza

fruitboom

árbol frutal

maniok

mandioca

graan

cereales

huis
casa

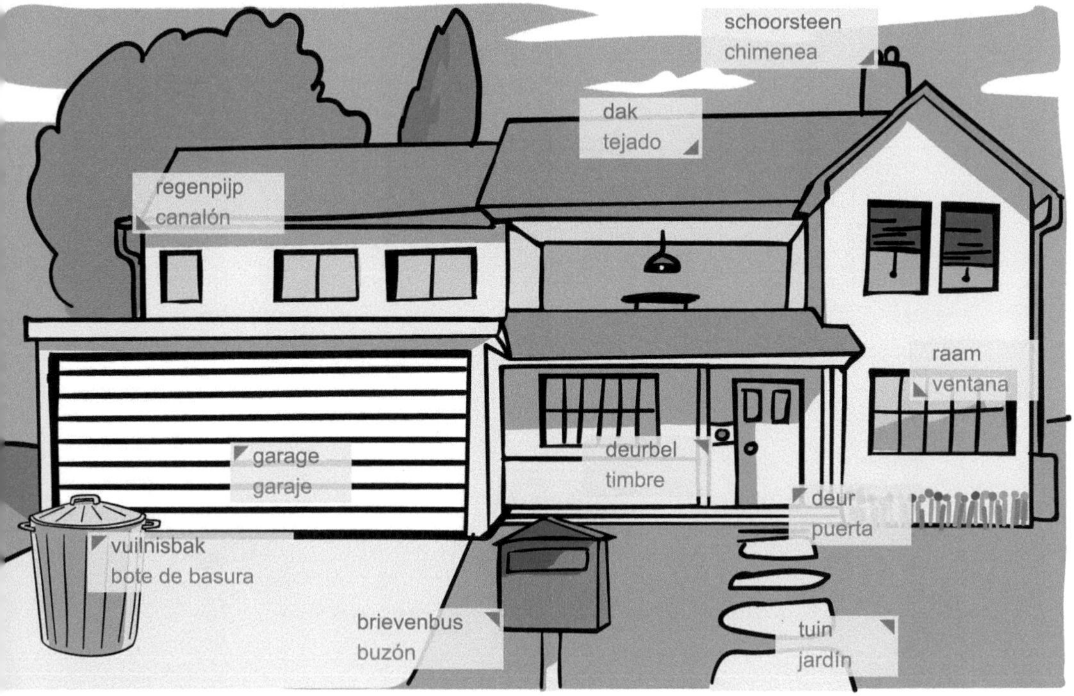
schoorsteen
chimenea
dak
tejado
regenpijp
canalón
raam
ventana
garage
garaje
deurbel
timbre
deur
puerta
vuilnisbak
bote de basura
brievenbus
buzón
tuin
jardín

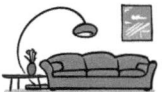

woonkamer

estancia

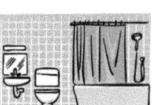

badkamer

baño

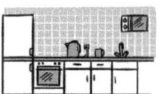

keuken

cocina

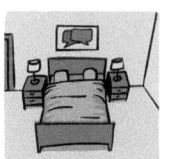

slaapkamer

recámara

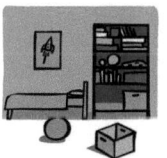

kinderkamer

recámara de los niños

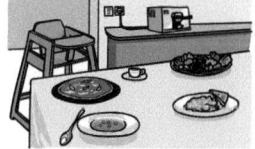

eetkamer

comedor

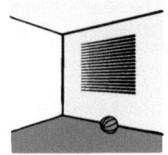

vloer

suelo

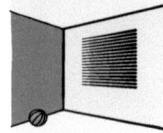

muur

pared

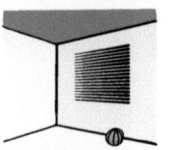

plafond

techo

kelder

sótano

sauna

sauna

balkon

balcón

terras

terraza

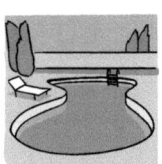

zwembad

alberca

grasmaaier

cortacésped

dekbedovertrek

sábana

dekbed

colcha

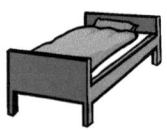

bed

cama

bezem

escoba

emmer

balde

schakelaar

interruptor

woonkamer
estancia

behangpapier
pappara empapelar
foto
imagen
lamp
lámpara
schap
estante
kast
alacena
televisie
televisión
open haard
chimenea
bloem
flor
kussen
cojín
sofa
sofá
vaas
florero
afstandsbediening
control remoto

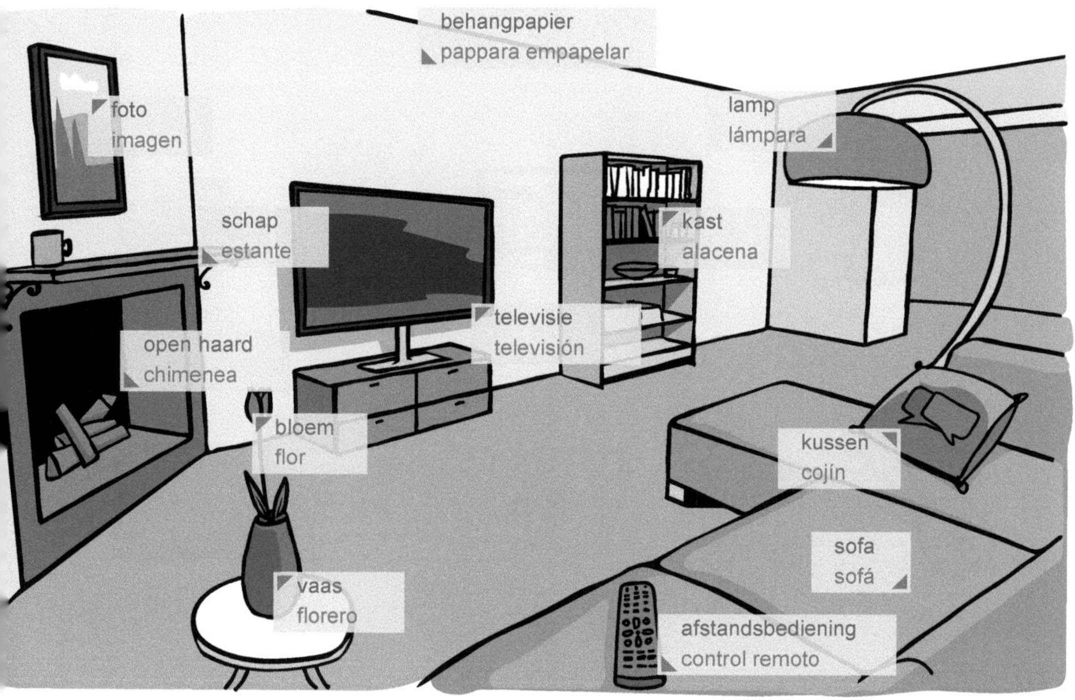

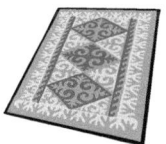

mat

alfombra

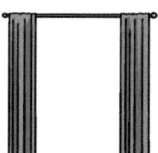

gordijn

cortina

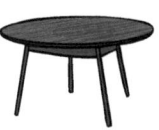

tafel

mesa

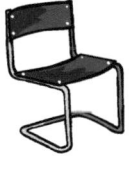

stoel

silla

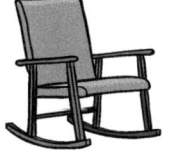

schommelstoel

mecedora

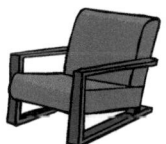

fauteuil

sillón

boek

libro

deken

frazada

decoratie

decoración

brandhout

leña

film

película

stereo-installatie

equipo de música

sleutel

llave

krant

periódico

schilderij

pintura

poster

póster

radio

radio

notitieboekje

cuaderno

stofzuiger

aspiradora

cactus

cactus

kaars

vela

keuken
cocina

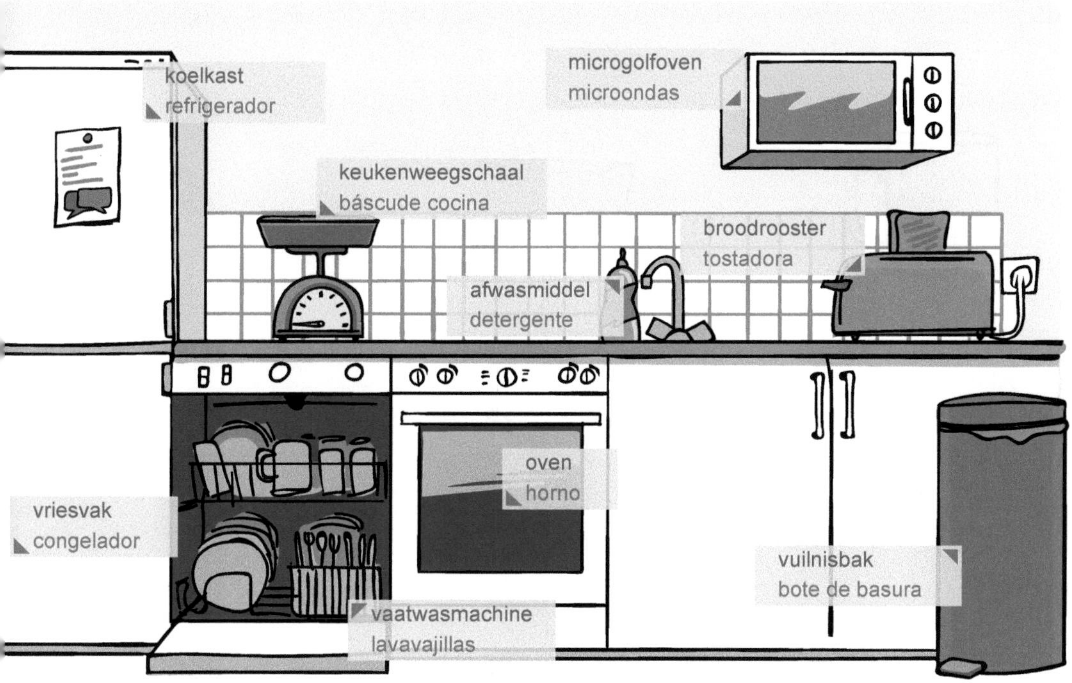
koelkast
refrigerador
microgolfoven
microondas
keukenweegschaal
báscude cocina
broodrooster
tostadora
afwasmiddel
detergente
oven
horno
vriesvak
congelador
vuilnisbak
bote de basura
vaatwasmachine
lavavajillas

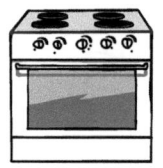

fornuis

opresión

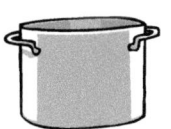

pot

olla

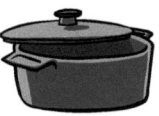

gietijzeren pot

olde hierro fundido

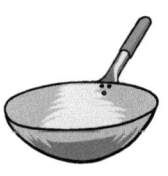

wok / kadai

wok

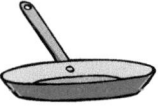

pan

sartén

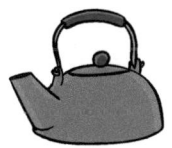

waterkoker

hervidor

stoomkoker

vaporera

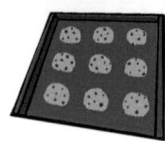

bakplaat

charode horno

servies

loza

mok

taza

kom

bol

eetstokjes

palillos

pollepel

cucharón

spatel

espátula

garde

batidora

vergiet

colador

zeef

colador

rasp

rallador

mortier

mortero

barbecue

barbacoa

haardvuur

fogata

snijplank

tabpara picar

deegrol

rodillo para amasar

kurkentrekker

sacacorchos

blik

lata

blikopener

abrelatas

pannenlap

guante de cocina

gootsteen

fregadero

borstel

cepillo

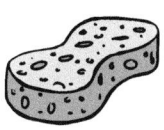

spons

esponja

blender

batidora

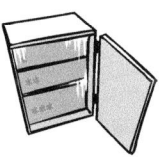

vriezer

congelador

papfles

biberón

kraan

llave

badkamer

baño

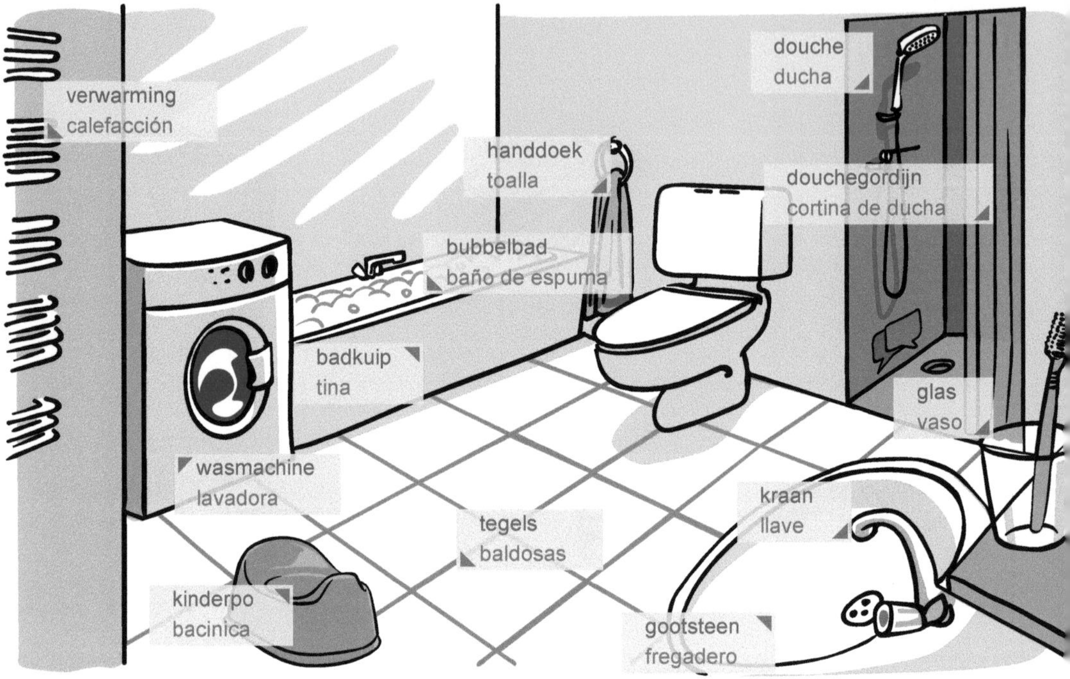

verwarming
calefacción
handdoek
toalla
douche
ducha
douchegordijn
cortina de ducha
bubbelbad
baño de espuma
badkuip
tina
glas
vaso
wasmachine
lavadora
kraan
llave
tegels
baldosas
kinderpo
bacinica
gootsteen
fregadero

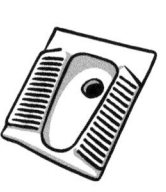

toilet

inodoro

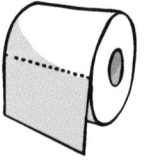

hurktoilet

letrina

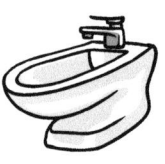

bidet

bidé

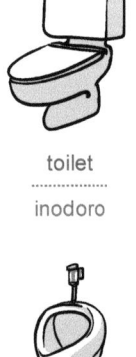

urinoir

mingitorio

toiletpapier

paphigiénico

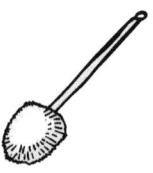

toiletborstel

cepillo para baño

tandenborstel

cepillo de dientes

tandpasta

pasta dental

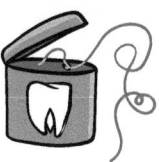

flosdraad

hilo dental

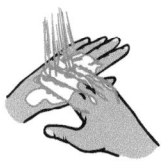

wassen

lavar

handdouche

ducha de mano

bidethanddouche

ducha vaginal

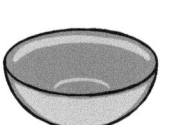

waskom

fregadero

rugborstel

cepillo de espalda

zeep

jabón

douchegel

gde ducha

shampoo

champú

washandje

toallita

afvoer

drenaje

crème

crema

deodorant

desodorante

spiegel

espejo

handspiegel

espejo de tocador

scheermes

máquina para afeitar

scheerschuim

espuma de afeitar

aftershave

loción para después de afeitar

kam

peine

borstel

cepillo

haardroger

secadora

haarlak

laca

make-up

maquillaje

lippenstift

lápiz labial

nagellak

esmalte para uñas

watten

algodón

nagelknipper

tijeras para uñas

parfum

perfume

toilettas

estuche para cosméticos

kruk

taburete

weegschaal

báscula

badjas

bata

latex handschoenen

guantes de goma

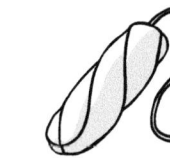

tampon

tampón

maandverband

toalsanitaria

chemisch toilet

baño móvil

kinderkamer
recámara de los niños

wekker
despertador
knuffel
peluche
speelgoedauto
carro de juguete
rammelaar
sonaja
poppenhuis
casa de muñecas
geschenk
regalo

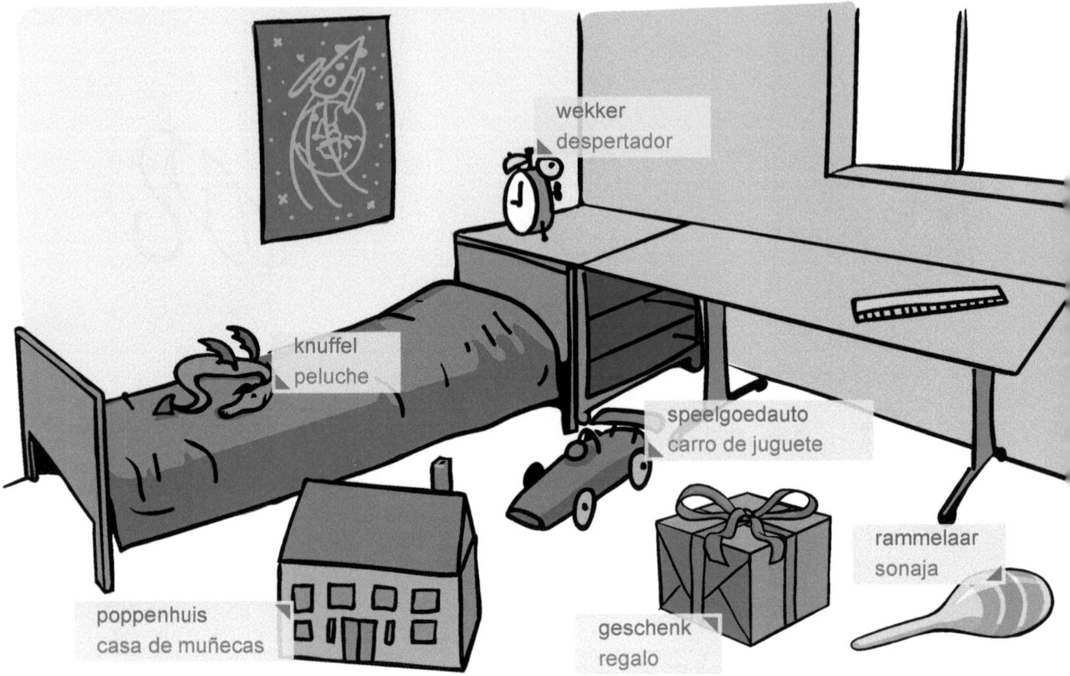

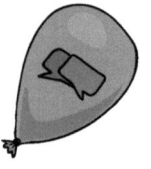

ballon

globo

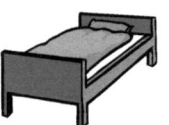

bed

cama

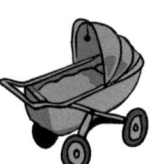

kinderwagen

carriola

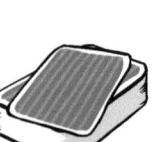

spel kaarten

cartas

puzzel

rompecabezas

SUPER
MEGA

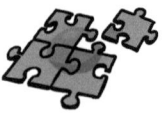

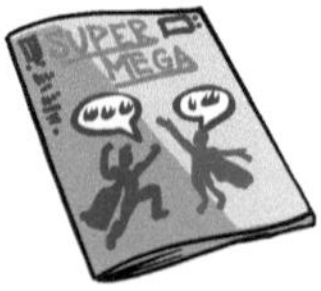

stripboek

cómic

legoblokjes

piezas de lego

blokken

bloques para jugar

actiefiguur

figura de acción

kruippakje

mameluco

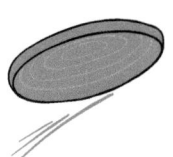

frisbee

frisbee

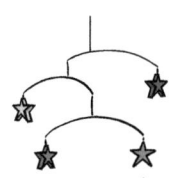

mobiel

móvil para bebés

bordspel

juego de mesa

dobbelsteen

dados

modelspoorweg

tren eléctrico

fopspeen

maniquí

feest

fiesta

prentenboek

álbum de fotos

bal

balón

pop

muñeca

spelen

jugar

zandbak

arenero

schommel

columpio

speelgoed

juguetes

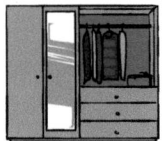

spelconsole

consode videojuegos

driewieler

triciclo

knuffelbeer

oso de peluche

kleerkast

clóset

kleding

ropa

sokken

calcetines

kousen

pantimedias

maillot

mallas

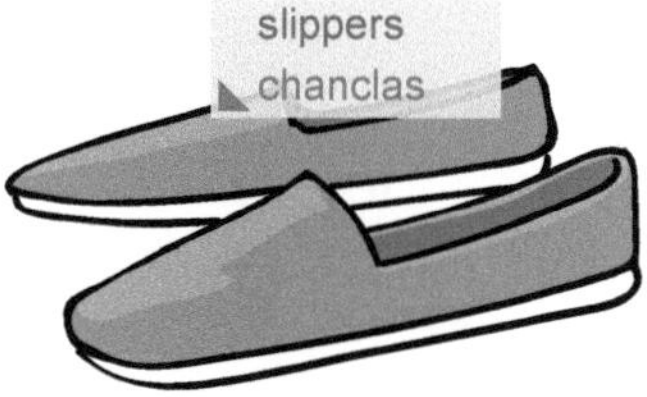

sjaal
bufanda

paraplu
paraguas

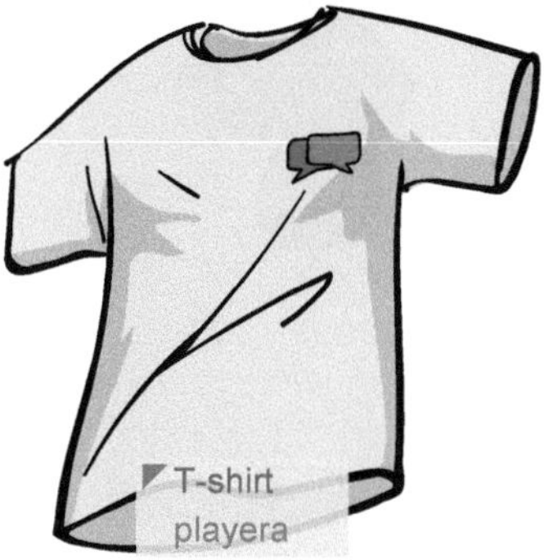

T-shirt
playera

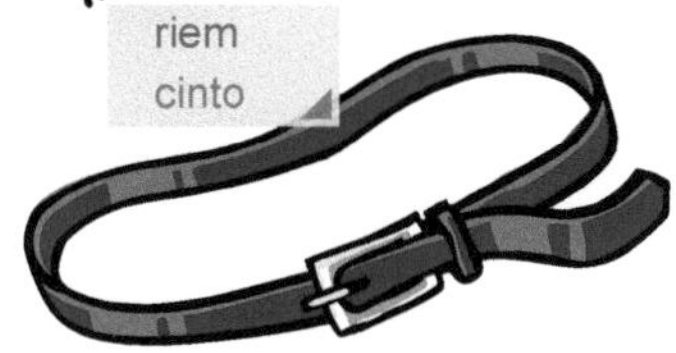

riem
cinto

laarzen
botas

slippers
chanclas

sneakers
tenis

sandalen
....
sandalias

schoenen
....
zapatos

rubberlaarzen
....
botas de goma

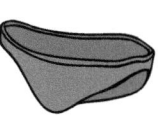

onderbroek
....
ropa interior

beha
....
brasier

onderhemd
....
chaleco

kleding - ropa

lichaam

body

broek

pantalones

jeans

pantalones de mezclilla

rok

falda

blouse

blusa

hemd

camisa

trui

suéter

capuchontrui

sudadera

blazer

saco sport

jas

chamarra

jas

abrigo

regenjas

impermeable

kostuum

traje

jurk

vestido

trouwjurk

vestido de novia

pak

traje

nachthemd

camisón

pyjama

pijama

sari

sari

hoofddoek

pañuelo para cabeza

tulband

turbante

boerka

burka

kaftan

caftán

abaya

abaya

badpak

traje de baño

zwembroek

short de baño

short

shorts

trainingspak

pants

schort

delantal

handschoenen

guantes

knoop

botón

bril

gafas

armband

brazalete

ketting

collar

ring

anillo

oorbel

arete

pet

gorra

kapstok

gancho

hoed

sombrero

das

corbata

rits

cierre

helm

casco

bretellen

tirantes

schooluniform

uniforme

uniform

uniforme

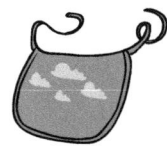

slabbetje

babero

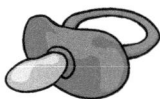

fopspeen

maniquí

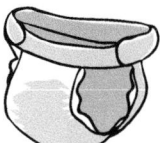

luier

pañal

kantoor

oficina

server
servidor
dossierkast
archivo
papier
pap
printer
impresora
monitor
monitor
muis
mouse
bureau
escritorio
map
carpeta
toestenbord
teclado
papiermand
bote de basura
computer
computadora
stoel
silla

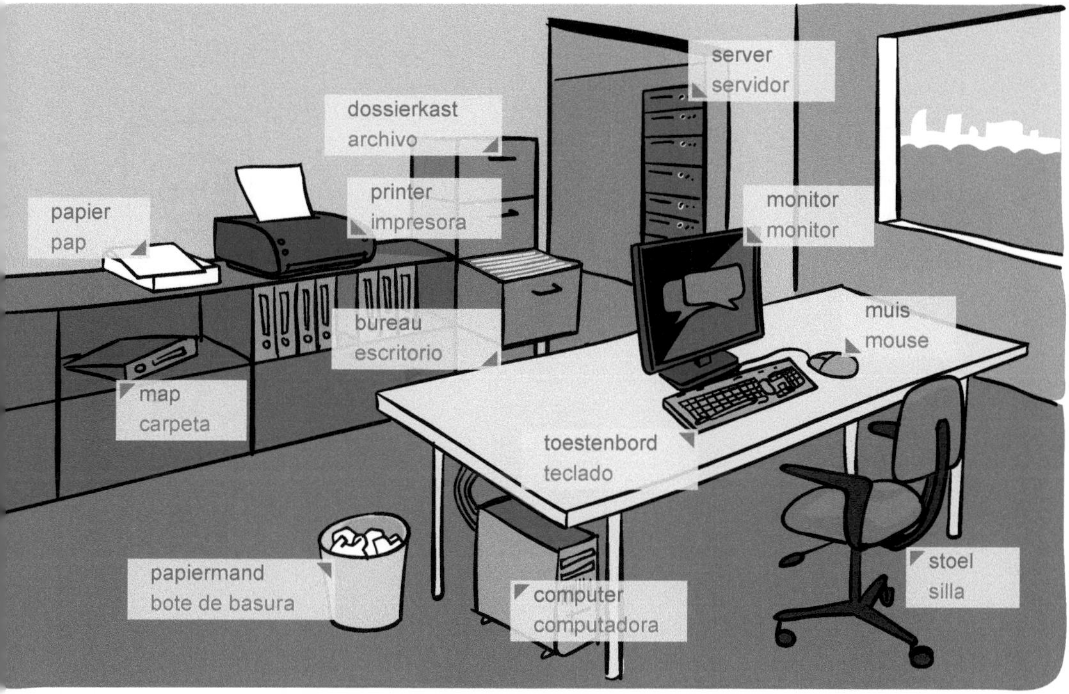

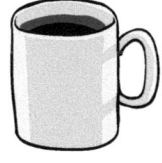

koffiemok

taza de café

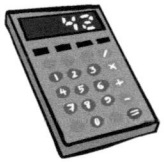

rekenmachine

calculadora

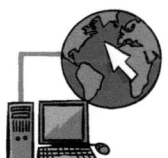

internet

internet

laptop
notebook

brief
carta

bericht
mensaje

gsm
móvil

netwerk
red

kopieerapparaat
fotocopiadora

software
software

telefoon
teléfono

stopcontact
tomacorriente

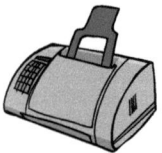

fax
fax

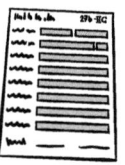

formulier
formulario

document
documento

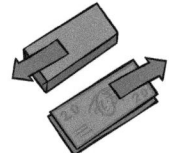

kopen
comprar

betalen
pagar

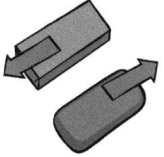

handelen
hacer negocios

geld
dinero

dollar
dólar

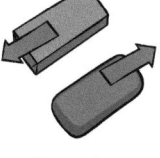

euro
euro

yen
yen

roebel
rublo

Zwitserse frank
franco suizo

Chinese renminbi
yuan

roepie
rupia

geldautomaat
cajero automático

wisselkantoor

casa de cambio

goud

oro

zilver

plata

olie

petróleo

energie

energía

prijs

precio

contract

contrato

belasting

impuesto

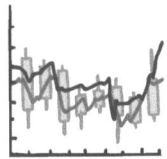

aandeel

acción

werken

trabajar

werknemer

empleado

werkgever

empleador

fabriek

fábrica

winkel

tienda

beroepen
ocupaciones

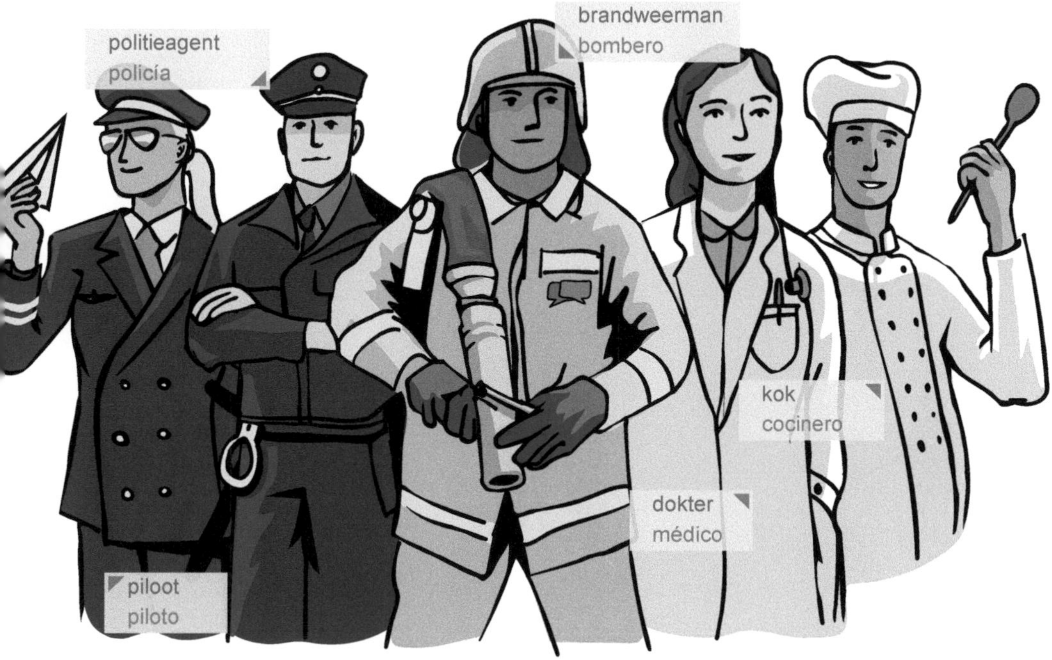
politieagent
policía
brandweerman
bombero
kok
cocinero
dokter
médico
piloot
piloto

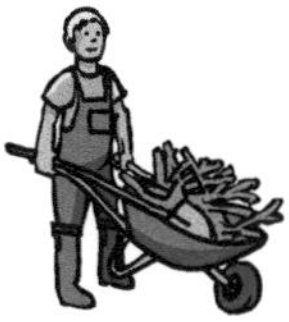

tuinman

jardinero

timmerman

carpintero

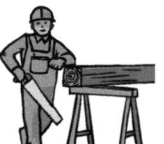

naaister

costurera

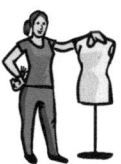

rechter

juez

chemicus

farmacéutico

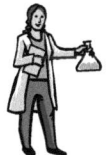

acteur

actor

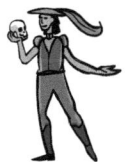

buschauffeur

conductor de autobús

taxichauffeur

taxista

visser

pescador

schoonmaakster

señora de limpieza

dakdekker

instalador de techos

ober

camarero

jager

cazador

schilder

pintor

bakker

panadero

elektricien

electricista

bouwvakker

obrero

ingenieur

ingeniero

slager

carnicero

loodgieter

plomero

postbode

cartero

soldaat

soldado

architect

arquitecto

kassier

cajero

bloemist

florista

kapper

peluquero

conducteur

cobrador

mecanicien

mecánico

kapitein

capitán

tandarts

dentista

wetenschapper

científico

rabbijn

rabino

imam

imán

monnik

monje

geestelijke

sacerdote

werktuigen
herramientas

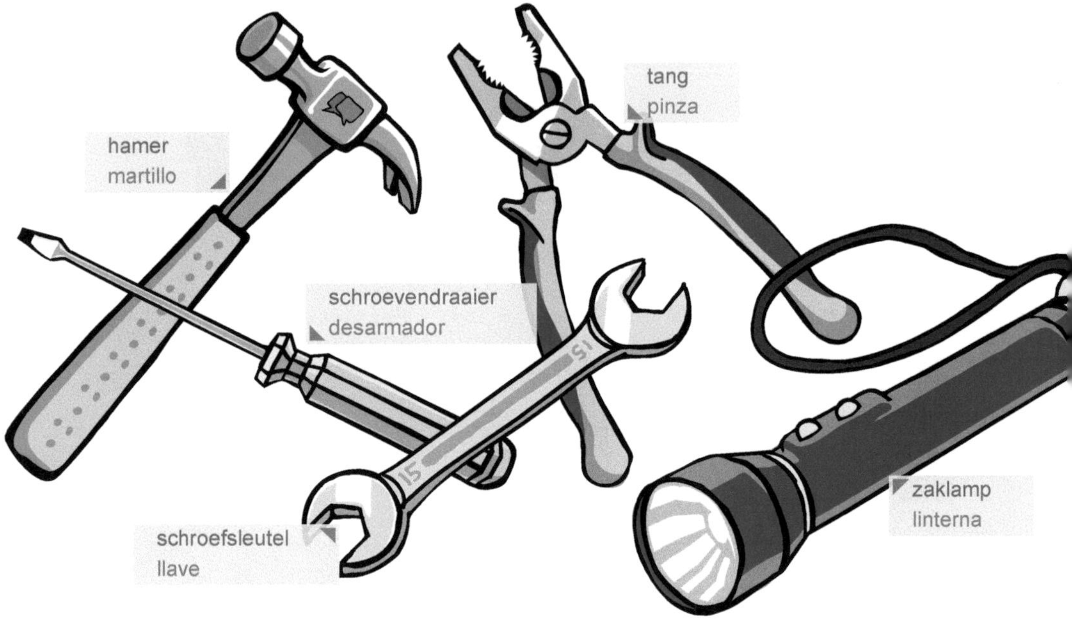
hamer
martillo
tang
pinza
schroevendraaier
desarmador
schroefsleutel
llave
zaklamp
linterna

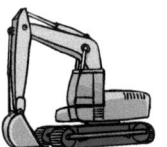

graafmachine

excavadora

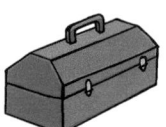

gereedschapskoffer

caja de herramientas

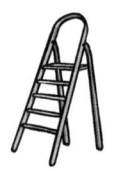

ladder

escalera de mano

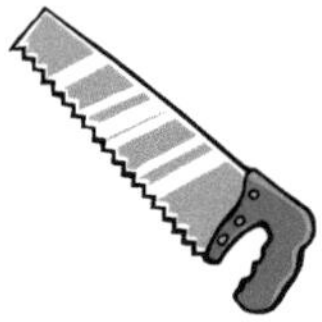

zaag

sierra

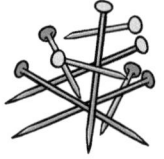

spijkers

clavos

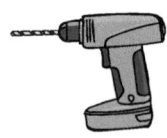

boormachine

taladro

repareren

reparar

schop

pala

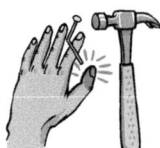

Verdomme!

¡Maldición!

blik

recogedor

verfpot

bote de pintura

schroeven

tornillos

muziekinstrumenten
instrumentos musicales

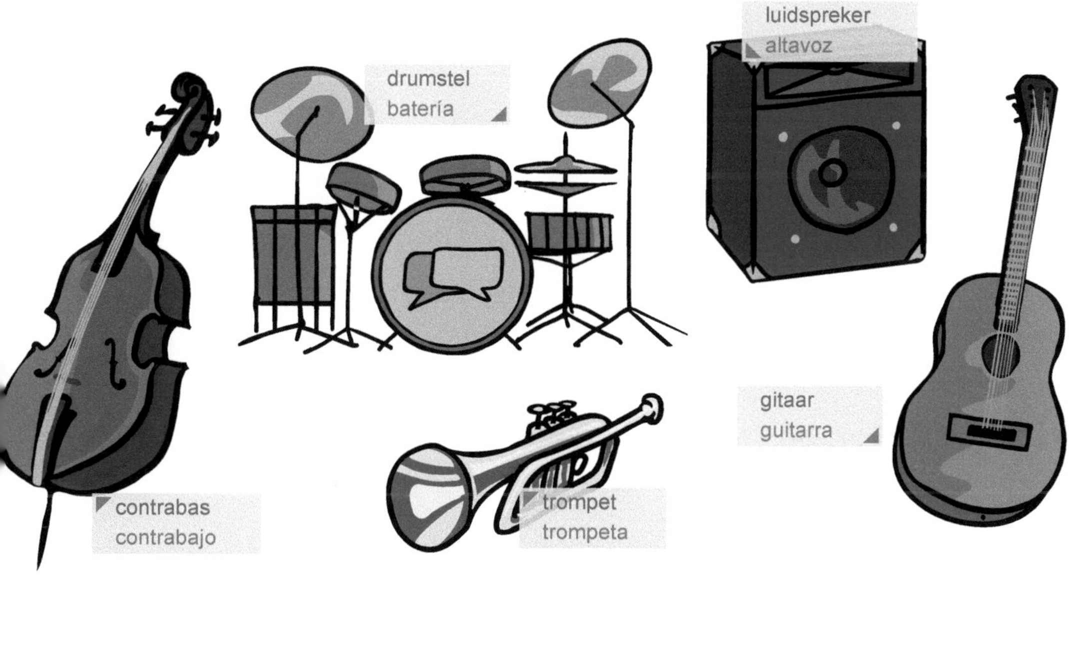

luidspreker
altavoz

drumstel
batería

gitaar
guitarra

contrabas
contrabajo

trompet
trompeta

piano

piano

viool

violín

basgitaar

bajo

pauk

timbales

trommels

tambor

keyboard

teclado

saxofoon

saxofón

fluit

flauta

microfoon

micrófono

zoo

zoológico

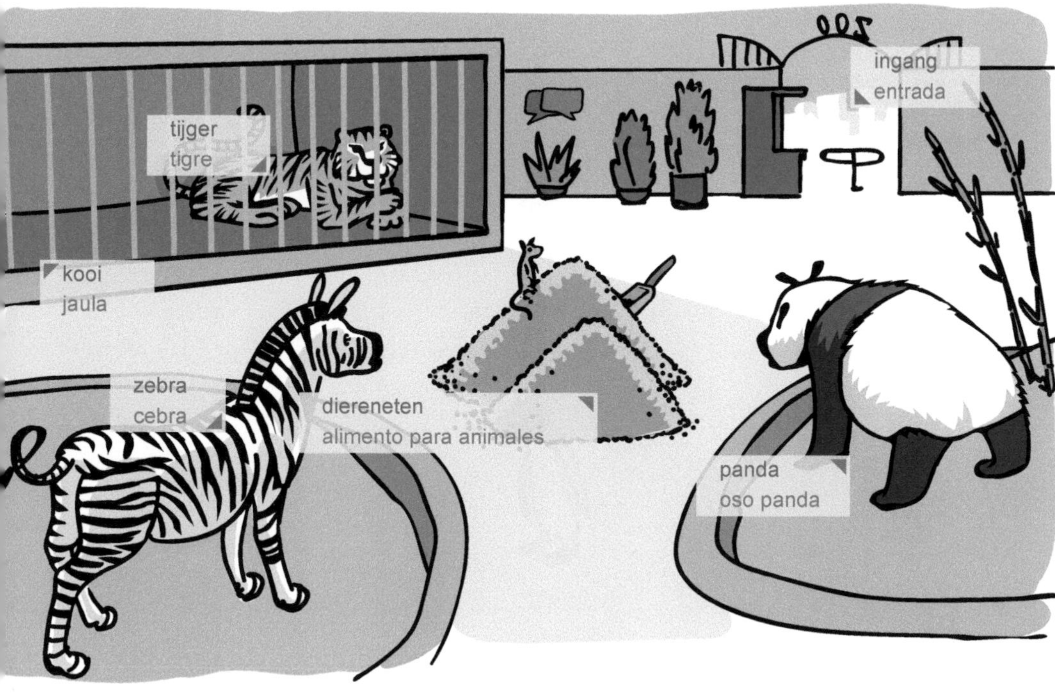

ingang
entrada
tijger
tigre
kooi
jaula
zebra
cebra
diereneten
alimento para animales
panda
oso panda

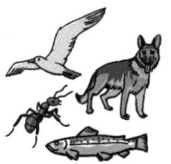

dieren

animales

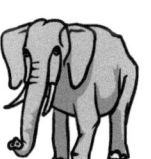

olifant

elefante

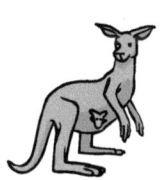

kangoeroe

canguro

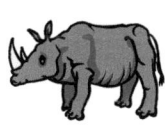

neushoorn

rinoceronte

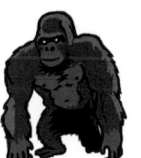

gorilla

gorila

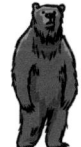

beer

oso

kameel

camello

struisvogel

avestruz

leeuw

león

aap

mono

flamingo

flamenco

papegaai

loro

ijsbeer

oso polar

pinguïn

pingüino

haai

tiburón

pauw

pavo real

slang

serpiente

krokodil

cocodrilo

dierenverzorger

guardián de zoológico

zeehond

foca

jaguar

jaguar

pony

poni

luipaard

leopardo

nijlpaard

hipopótamo

giraffe

jirafa

adelaar

águila

wild zwijn

jabalí

vis

pescado

zeeschildpad

tortuga

walrus

morsa

vos

zorro

gazelle

gacela

rugby
fútbol americano

wielrennen
ciclismo

tennis
tenis

basketbal
baloncesto

zwemmen
natación

boksen
boxeo

ijshockey
hockey sobre hielo

voetbal
fútbol

badminton
bádminton

atletiek
atletismo

handbal
handball

skiën
esquí

polo
polo

springen
saltar

lachen
reír

knuffelen
abrazar

wandelen
caminar

zingen
cantar

dromen
soñar

bidden
rezar

kussen
besar

schrijven

escribir

tekenen

dibujar

tonen

mostrar

duwen

empujar

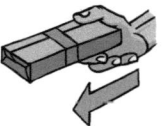

geven

dar

nemen

tomar

hebben
tener

doen
hacer

zijn
ser

staan
estar parado

lopen
correr

trekken
jalar

gooien
arrojar

vallen
caer

liggen
estar acostado

wachten
esperar

dragen
llevar

zitten
estar sentado

aankleden
vestirse

slapen
dormir

ontwaken
despertar

kijken naar
mirar

wenen
llorar

aaien
acariciar

kammen
peinar

praten
hablar

begrijpen
entender

vragen
preguntar

luisteren
escuchar

drinken
beber

eten
comer

opruimen
ordenar

houden van
amar

koken
cocinar

rijden
conducir

vliegen
volar

zeilen

navegar

rekenen

calcular

Lezen

leer

leren

aprender

werken

trabajar

trouwen

casarse

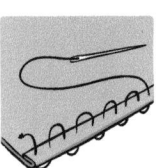

naaien

coser

tandenpoetsen

cepillarse los dientes

doden

matar

roken

fumar

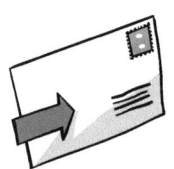

sturen

enviar

familie
familia

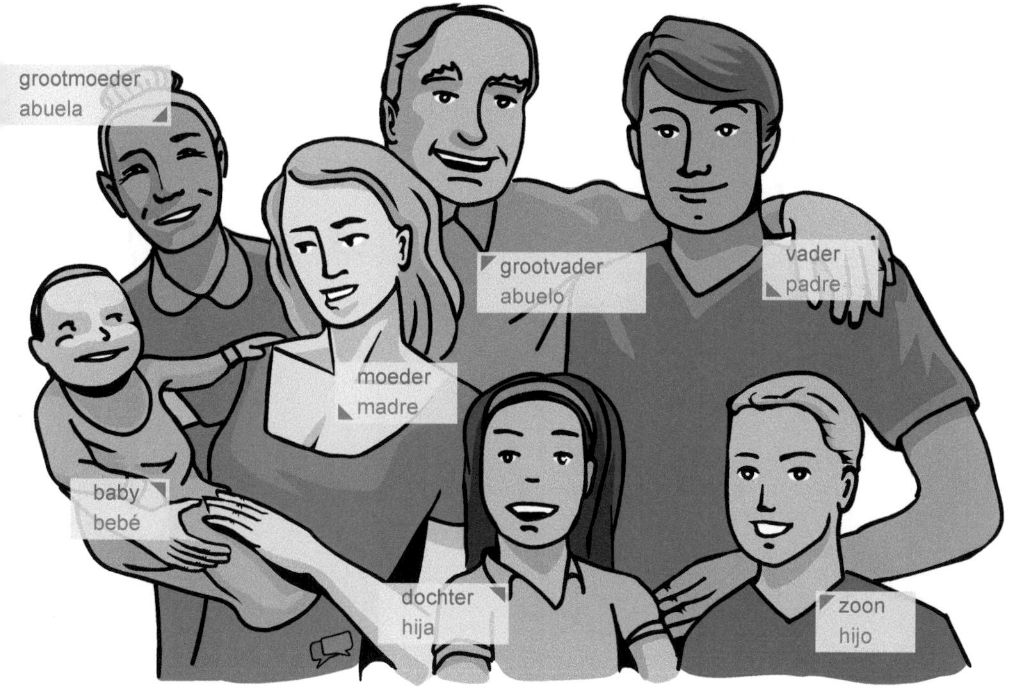
grootmoeder
abuela
grootvader
abuelo
vader
padre
moeder
madre
baby
bebé
dochter
hija
zoon
hijo

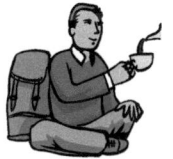

gast

invitado

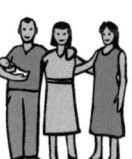

tante

tía

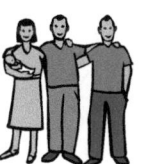

oom

tío

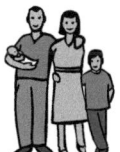

broer

hermano

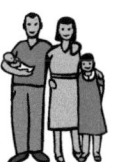

zus

hermana

lichaam

cuerpo

voorhoofd
frente
oog
ojo
schouder
hombro
vinger
dedo
gezicht
cara
kin
barbilla
hand
mano
been
pierna
borst
pecho
arm
brazo

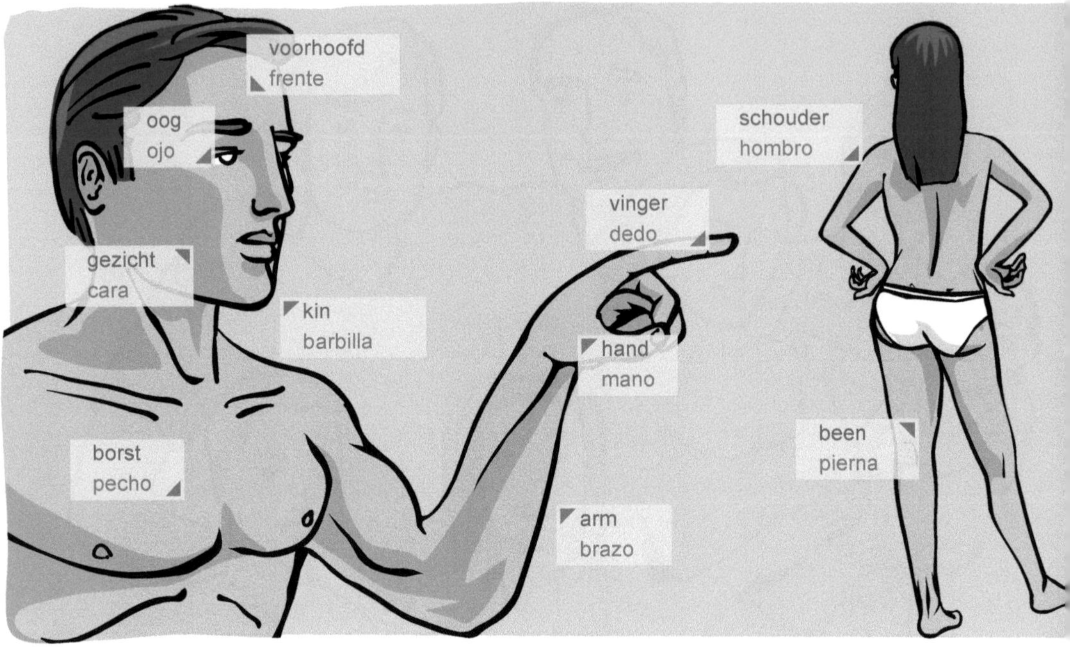

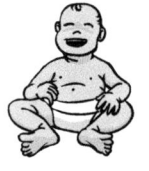

baby

bebé

man

hombre

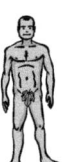

vrouw

mujer

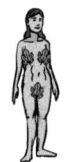

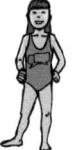

meisje

niña

jongen

niño

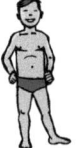

hoofd

cabeza

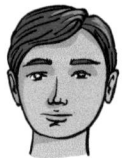

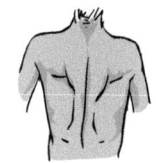

rug

espalda

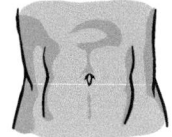

buik

barriga

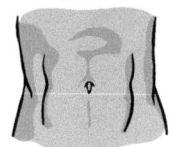

navel

ombligo

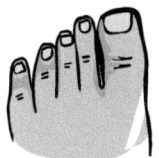

teen

dedo dpie

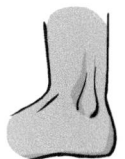

hiel

talón

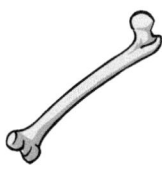

bot

hueso

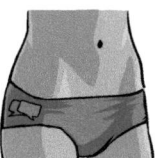

heup

cadera

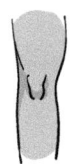

knie

rodilla

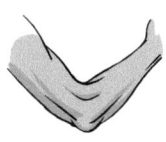

elleboog

codo

neus

nariz

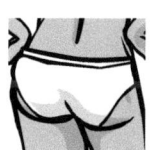

zitvlak

pompis

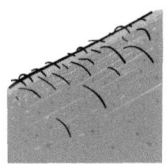

huid

piel

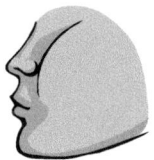

wang

mejilla

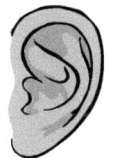

oor

oído

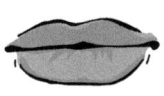

lip

labio

mond

boca

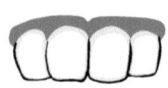

tand

diente

tong

lengua

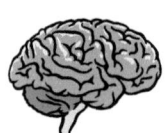

hersenen

cerebro

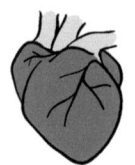

hart

corazón

spier

músculo

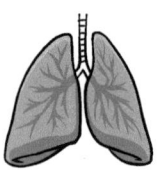

long

pulmón

lever

hígado

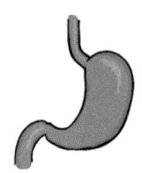

maag

estómago

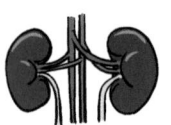

nieren

riñones

seks

sexo

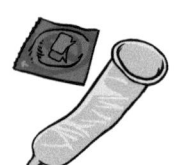

condoom

condón

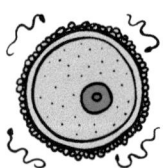

eicel

óvulo

sperma

semen

zwangerschap

embarazo

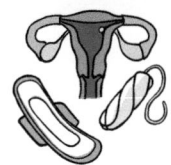

menstruatie

menstruación

vagina

vagina

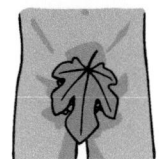

penis

pene

wenkbrauw

ceja

haar

cabello

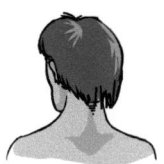

nek

cuello

ziekenhuis
hospital

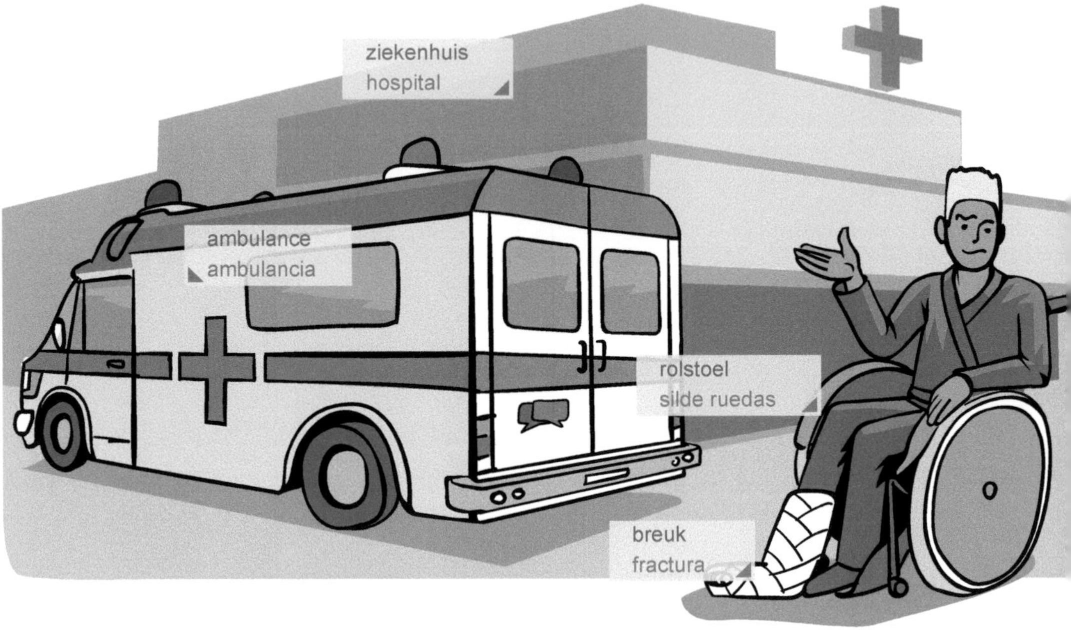

ziekenhuis
hospital
ambulance
ambulancia
rolstoel
silde ruedas
breuk
fractura

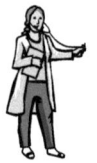

dokter
....
médico

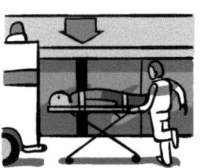

spoed
....
sade emergencias

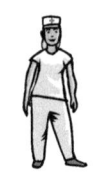

verpleegkundige
....
enfermera

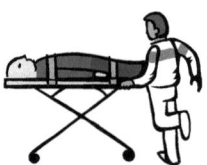

noodgeval
....
emergencia

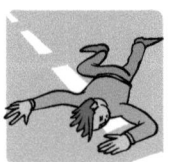

bewusteloos
....
inconsciente

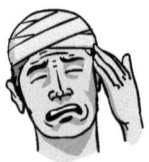

pijn
....
dolor

verwonding

lesión

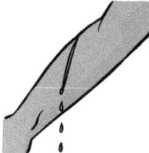

bloeding

hemorragia

hartaanval

infarto

beroerte

accidente cerebrovascular

allergie

alergia

hoest

tos

koorts

fiebre

griep

gripa

diarree

diarrea

hoofdpijn

dolor de cabeza

kanker

cáncer

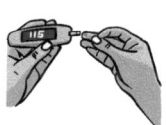

diabetes

diabetes

chirurg

cirujano

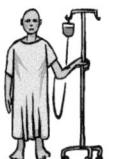

scalpel

bisturí

operatie

operación

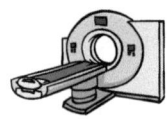

CT

TC

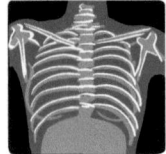

röntgenstraal

rayos x

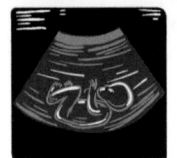

ultrageluid

ultrasonido

gezichtsmasker

mascarilla

ziekte

enfermedad

wachtkamer

sade espera

kruk

muleta

pleister

vendita

verband

vendaje

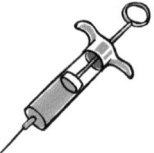

injectie

inyección

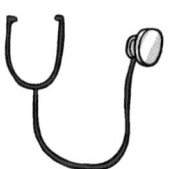

stethoscoop

estetoscopio

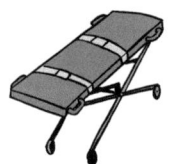

brancard

camilla

thermometer

termómetro

geboorte

nacimiento

overgewicht

sobrepeso

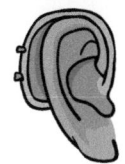

hoorapparaat
audífono

ontsmettingsmiddel
desinfectante

infectie
infección

virus
virus

HIV / AIDS
VIH / SIDA

medicijn
medicina

vaccinatie
vacunación

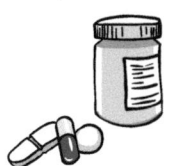

tabletten
tabletas

pil
pastilanticonceptiva

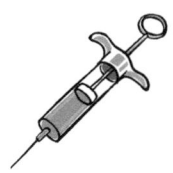

noodoproep
llamada de emergencia

bloeddrukmeter
medidor de presión

ziek / gezond
enfermo / sano

Help!

¡Socorro!

alarm

alarma

overval

agresión

aanval

ataque

gevaar

peligro

nooduitgang

salida de emergencia

Brand!

¡Fuego!

brandblusser

extintor de incendios

ongeval

accidente

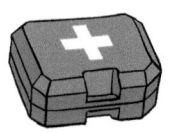

EHBO-kit

botiquín de primeros
auxilios

SOS

SOS

politie

policía

Europa

Europa

Noord-Amerika

Norteamérica

Zuid-Amerika

Sudamérica

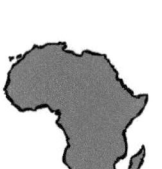

Afrika

África

Azië

Asia

Australië

Australia

Atlantische Oceaan

Atlántico

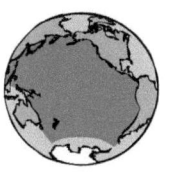

Stille Oceaan

Pacífico

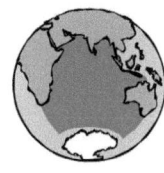

Indische Oceaan

Océano Índico

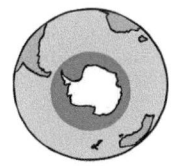

Antarctische Oceaan

Océano Antártico

Arctische Oceaan

Océano Ártico

Noordpool

polo norte

Zuidpool

polo sur

Antarctica

Antártida

aarde

tierra

land

tierra

zee

mar

eiland

isla

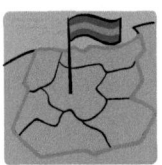

natie

nación

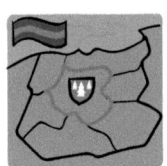

staat

estado

aarde - tierra

wijzerplaat

esfera

uurwijzer

manecilde las horas

minuutwijzer

minutero

secondewijzer

segundero

Hoe laat is het?

¿Qué hora es?

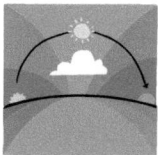

dag

día

tijd

hora

nu

ahora

digitale horloge

reloj digital

minuut

minuto

uur

hora

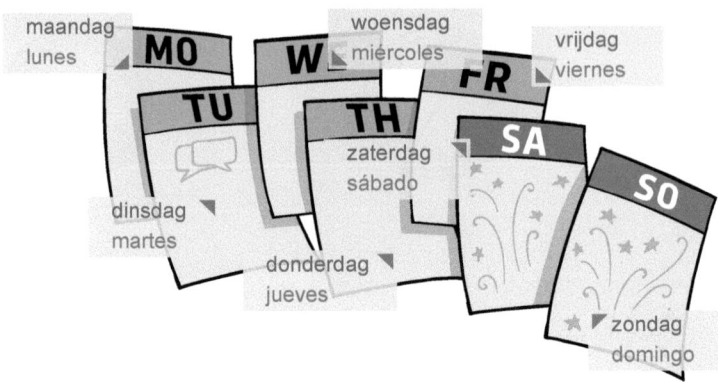

maandag
lunes **MO**

TU

dinsdag ▼
martes

W woensdag
miércoles

TH

donderdag ▼
jueves

zaterdag
sábado **SA**

FR vrijdag
viernes

SO

▼ zondag
domingo

gisteren
....
ayer

vandaag
....
hoy

morgen
....
mañana

ochtend
....
mañana

middag
....
mediodía

avond
....
tarde

MO	TU	WE	TH	FR	SA	SU
1	2	3	4	5	6	7
8	9	10	11	12	13	14
15	16	17	18	19	20	21
22	23	24	25	26	27	28
29	30	31	1	2	3	4

werkdagen
....
días laborables

MO	TU	WE	TH	FR	SA	SU
1	2	3	4	5	6	7
8	9	10	11	12	13	14
15	16	17	18	19	20	21
22	23	24	25	26	27	28
29	30	31	1	2	3	4

weekend
....
fin de semana

jaar
año

regen
lluvia
regenboog
arco iris
wind
viento
sneeuw
nieve
lente
primavera
zomer
verano
herfst
otoño
winter
invierno

4.APRIL 11°
5.APRIL 4°
6.APRIL 13°
7.APRIL 8°
8.APRIL 10°

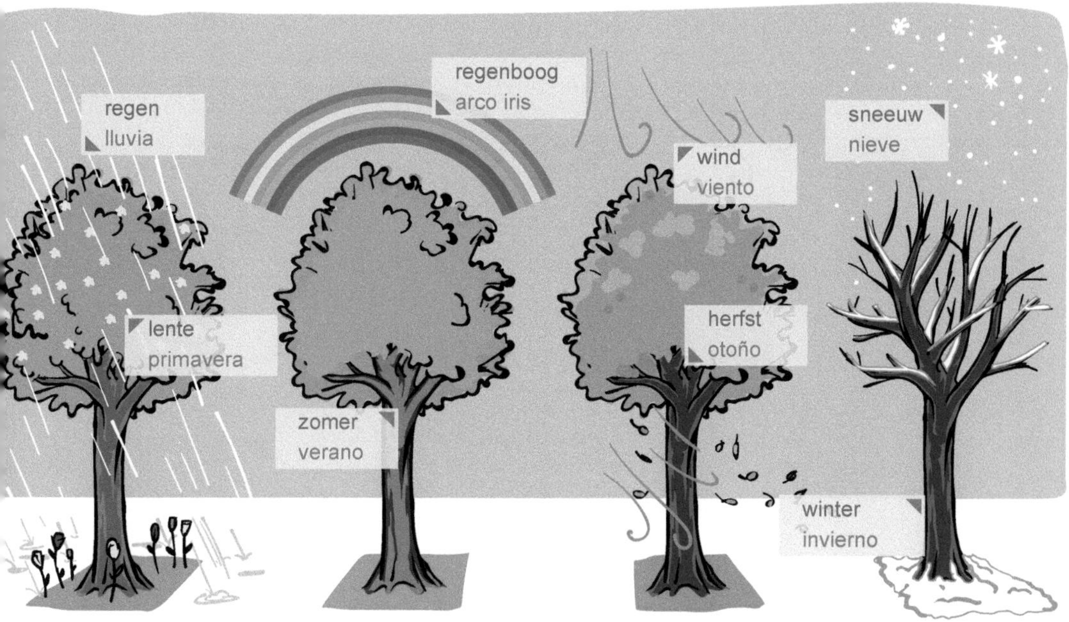

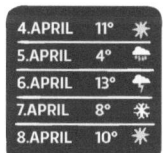

weervoorspelling

pronóstico dtiempo

F
C
120
90
60
30
0
-30
40
30
20
10
0
-10
-20

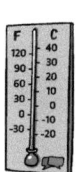

thermometer

termómetro

zonneschijn

sol

wolk

nube

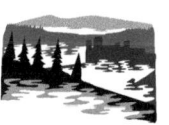

mist

niebla

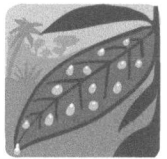

vochtigheid

humedad

bliksem
rayo

donder
trueno

storm
tormenta

hagel
granizo

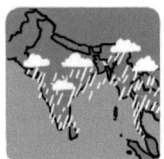

moesson
monzón

overstroming
inundación

ijs
hielo

januari
enero

februari
febrero

maart
marzo

april
abril

mei
mayo

juni
junio

juli
julio

augustus
agosto

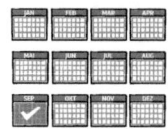

september
....
septiembre

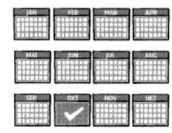

oktober
....
octubre

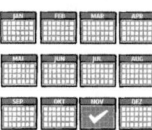

november
....
noviembre

december
....
diciembre

vormen
formas

cirkel
....
círculo

kwadraat
....
cuadrado

rechthoek
....
rectángulo

driehoek
....
triángulo

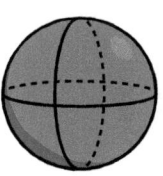

bol
....
esfera

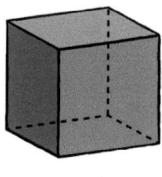

kubus
....
cubo

kleuren
colores

wit
....
blanco

geel
....
amarillo

oranje
....
naranja

roze
....
rosa

rood
....
rojo

paars
....
morado

blauw
....
azul

groen
....
verde

bruin
....
marrón

grijs
....
gris

zwart
....
negro

veel / weinig

mucho / poco

boos / kalm

enojado / tranquilo

mooi / lelijk

bonito / feo

begin / einde

principio / fin

groot / klein

grande / pequeño

licht / donker

claro / oscuro

broer / zus

hermano / hermana

proper / vuil

limpio / sucio

volledig / onvolledig

completo / incompleto

dag / nacht

día / noche

dood / levend

muerto / vivo

breed / smal

ancho / angosto

eetbaar / oneetbaar

comestible / no comestible

kwaadaardig / vriendelijk

malo / amable

opgewonden / verveeld

entusiasmado / aburrido

dik / dun

gordo / delgado

eerst / laatst

primero / último

vriend / vijand

amigo / enemigo

vol / leeg

lleno / vacío

hard / zacht

duro / blando

zwaar / licht

pesado / ligero

honger / dorst

hambre / sed

ziek / gezond

enfermo / sano

illegaal / legaal

ilegal / legal

intelligent / dom

inteligente / tonto

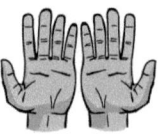

links / rechts

izquierda / derecha

dichtbij / veraf

cerca / lejos

nieuw / gebruikt

nuevo / usado

niets / iets

nada / algo

oud / jong

viejo / joven

aan / uit

encendido / apagado

open / dicht

abierto / cerrado

stil / luid

silencioso / ruidoso

rijk / arm

rico / pobre

juist / fout

correcto / incorrecto

ruw / glad

áspero / suave

droevig / blij

triste / contento

kort / lang

corto / largo

traag / snel

lento / rápido

nat / droog

húmedo / seco

warm / koud

caliente / frío

oorlog / vrede

guerra / paz

cijfers
números

0

nul

cero

1

één

uno

2

twee

dos

3

drie

tres

4

vier

cuatro

5

vijf

cinco

6

zes

seis

7

zeven

siete

8

acht

ocho

9

negen

nueve

10

tien

diez

11

elf

once

12	**13**	**14**
twaalf	dertien	veertien
doce	trece	catorce

15	**16**	**17**
vijftien	zestien	zeventien
quince	dieciséis	diecisiete

18	**19**	**20**
achtien	negentien	twintig
dieciocho	diecinueve	veinte

100	**1.000**	**1.000.000**
honderd	duizend	miljoen
cien	mil	millón

Engels

inglés

Amerikaans Engels

inglés americano

Chinees (Mandarijn)

chino mandarín

Hindi

hindi

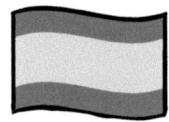

Spaans

español

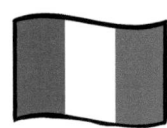

Frans

francés

Arabisch

árabe

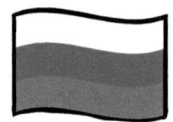

Russisch

ruso

Portugees

portugués

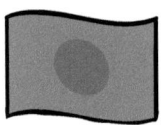

Bengali

bengalí

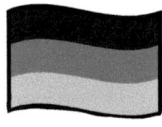

Duits

alemán

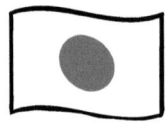

Japans

japonés

ik

yo

u

tú

hij / zij / het

él / ella

wij

nosotros

u

vosotros

ze

ellos

wie?

¿quién?

wat?

¿qué?

hoe?

¿cómo?

waar?

¿dónde?

wanneer?

¿cuándo?

naam

nombre

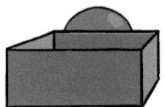

achter

detrás

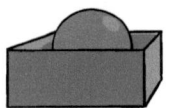

in

en

voor

delante de

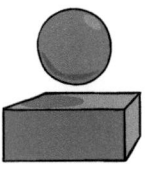

boven

por encima de

op

sobre

onder

debajo de

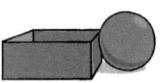

naast

junto a

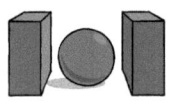

tussen

entre

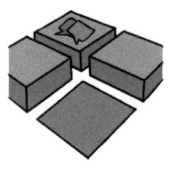

plaats

lugar